그 바다에 꽃이 핀다

김인수 시집

문학의전당 시인선
364

그 바다에 꽃이 핀다

김인수 시집

문학의전당

시인의 말

하얀 마스크의 세상 속에서
웅크리고 있었으나 잠들지 않았다.

천변에 피어나는 들꽃들
맑은 강물을 거슬러 오르는 은어 떼에게서
조용하고 깨끗한 희망을 본다.

네 번째 시집을 묶는다.
초저녁 별이 되어 떠오른 아버님께
이 시집을 바친다.

2023년 8월
김인수

차례

제2부

제3부

제4부

제1부

반달

성장통이 심했던 날은 낮에도 흐르지 않는 반달이 감나무 우듬지에 걸리곤 했다

흔들림 없이 둘레를 키우고 몸을 열어 빛을 모으는 달의 기척을 모른 체하며 신발 끌며 먼 길을 건너왔다

달이 도톰하게 차오르는 밤이 오면 제 그림자에 놀라 조금씩 몸을 비우는 박달대게 떼들의 물 치는 소리와 울산 바다로 내려가는 밍크고래 떼의 거친 숨소리가 자욱했다

눈물이며 기다림의 소매를 비끌어 맨 아픈 자국이 반달에는 얼룩져 있다

어떤 혐의
—삽살개와 괭이갈매기와 슴새

그날 아침 목이 부러진 괭이갈매기와 슴새가 벼랑 아래 죽은 채 발견되었다 독도수비대 삽살개 소행이라는 환경부의 입장이 발표되었는데 삽살개가 잠든 새들의 목을 물었다는 추측이었다

수비대 어린 병사가 그건 사실이 아닐 거라고 말한 아침
삽살개는 시린 물결 위에 새끼 다섯을 낳았고
외로운 섬 하늘에 갇혀 직벽을 걸으며
간절히
남서풍을 기다리던 바닷새들
노을 속으로 날아든 한 무리의 늙은 새들이 있었는데
그리운 벼랑으로 날아와
마지막 날개를 내려놓은 그 저녁의 낮은 바람에
벼랑 아래로 떨어져 죽은 것이라는 것이다
깨끗하고 푸른 물살에 흔들리는
납작한 돌 하나로 돌아가고 싶었던 그 새들과
탄통에 꿀삭한 짬밥을 먹으며
야성을 다 반납해버린 순진하고 착한

삽살개에게는
아무 혐의가 없다는 것이
눈물 글썽이는 어린 병사의 말이었다

고백

교신 되지 않는
빈방에 둥지 튼 지 오래되었다
가끔은 꽃길을 떠올리기도 했지만
빠르게 스치는 바람이
내 의식의 관절을 부러뜨리곤 했다
흐린 거울 속에서
오래 간직한 언약 하나 끄집어내
저녁 촛불 앞에 걸어둔다
구겨지고 색바랜 부질없는 바람으로
팔랑 날리어 가 스러질 것을 안다
저녁 서풍을 맞으며 다가선
봄 산들이 어떤 예감들을 품고
웅웅거리고 있다
어디로도 열리지 않는 빈방
시린 벽을 넘어
노오란 유채 바람
불어오는 저녁을 기다리고
또 기다린다

말벌들

제 날개 치는 소리에
화들짝 놀라는 것들이 있다
비를 피해 벽 속으로 들어서는 것들
그 속에는 방이 있고 칸칸이
불붙은 탄환이 산적해 있다
매운 고추 같은 독을 부리 끝에 붙이고
곡선을 그리며 날아다니며
자주 허약한 나무들을 긴장시킨다
제가 내는 소리의 통로를 따라
자기를 데리고 다니는 그들은
이제 소리를 만들지 못한다
절대 말랑말랑한 집에 들지 않으며
마지막 순간까지 독을 쏘고 죽는다

아직도
아프고 저문 마을을 떠돌며 잉잉거리는
미친 벌떼들을 본다

갈겨니

굽이진 모래톱
어두운 그늘 속 오래 머물러 있었습니다
바다로 가는 길 위로 봄은 오는데
청춘의 시간 그 푸른 실루엣들이 아롱거리며
아득히 흘러가던 시간들
내게도 있었습니다

점점이 밝은 알을 낳고 싶었습니다

알싸한 향기를 품은 꽃무리들을 밀치고
무겁게 떠오르는 물방울을 꺾어 내며
뜨겁고 어두운 길을 지웁니다

자꾸 붉게 물들어가는 서쪽

저기 푸르른 산맥으로 오르는 빛길
기어이 가고자 합니다

별들이 밤새 열어주는 하늘 찬합 속
별 싸라기 소복한
절벽 아랫길
가만히 열어가고자 합니다

붓
—사랑

오래 잡지 못하고 버렸다

버려진 것들에는
버려진 빛들이 감겨오는 것인데
열렸던 통로를 닫고 눈을 감는다

펄럭이는 소매를 다시 접고
홍매화도 목련도 피워올리지 못하고
버렸다

가닿을 수 없는
젖은 바람을 몰고 돌아와야 하는
거기
아득한

누가 바람 속에서 거칠게
붓질을 하고 있다

씨앗

캄캄하고 딱딱한 껍질 속에
나란히 놓인
작은 숟가락 한 쌍
끝내 껍질을 깨뜨리고 나와
더 캄캄한 땅속으로 내려가는
온전하고 뜨거운
투신을 본다

세상에는 스스로
기꺼이 자기를 꺾고 무너뜨려
더 크고 더 많은 숟가락으로
다시 태어나는
아름다운 씨앗들이 있다

여우가 산다

그녀의 왼쪽 눈 속엔
여우가 산다

눈썹이 흐르는 개울가에 살며시 내려와
세상의 깃발들을 헤아리고
주둥이를 끌어들인 여우
어둠을 틈타
간섭하고 싶지 않은 들판을
무심히 건너 야트막한 산자락에 들어
햇살 드는 건너편 산이
몸을 열어
생강꽃이며 산벚꽃
산복숭아꽃을 피워올리는 걸 살피고는
지리멸렬한 지평선을 가만히 내려놓고
더 깊은 산맥의 품에 든다

봄 눈물 아롱아롱 빛나는
그녀의 왼쪽 눈 속에는

착하디착한

여우가 산다

왕피천에서
— 연어

캄캄한 석회동굴
종유의 눈물
가만히 받아들이는 강

어둠 속
먼 기다림

수만 리 얼음 물결 헤치고
어머니의 강으로 돌아오는
따뜻한 눈빛

천 리 먼 길 어머니의 가슴팍
흙 내음을 찾아오는

약속
눈물겨운
약속

설련화

저 가녀린 숨소리에는
차가운 산 그림자
맑은 바람 소리 스며 있다

당신이 버리고 간 그늘 많은 이 땅에
눈물방울같이 피어나는
시리디시린 하늘 꽃
솜양지꽃

저 바람 속 당신의 목소리
그리운 집으로 돌아가는데
누가 자꾸 어둠 헤치고
하늘 꽃 피워올리는가

방울방울 첫 꽃
설련화

기러기

참 좋았던 시절이 있었습니다

창포에 머리 감고
돌아가야 할 하늘길을 잊고
고운 봄 하늘
낮은 하늘길
열어젖혔던 날들이 있었습니다

날아올 때의 시린 하늘
굵고 깊이 찍혔던 발자국을 지우며
천변의 텃새로 남고 싶었던 날들입니다

가슴에 빗금 그으며
첫눈 내리는 저녁
아버지와 오빠가 날아간
시린 서북쪽 하늘을 바라봅니다
그들은 가뭇없이
높은 하늘을 떠메고 가버린

기러기가 되었습니다

좌표 찍으며 날아왔던 길
다시 돌아가야 할 길
아무 일 없었던 것처럼
날아오를 수가 있을까요

손바닥 가득 고여 드는
생의 보푸라기들을 뜯어내며
젖은 날개를 파닥거려 보는 하얀 저녁이
또 내리고 있습니다

입춘

터 잡고 앉는 일들에 익숙해지는 나이가 된 걸까요
고지서처럼 밀려드는
봄볕을 사부자기 끌어당깁니다
겨울의 창을 열고
눈 시리게 열리는 연두 천지를
가만히 모셔옵니다

어린 시절 고향 집 처마에 떨어지던
낙숫물 소리도 데려오고요
아득히 날리어 가던 풀 먹인 방패연도 불러오고요
가지 끝마다 붉게 타오르는 과목(果木)
소월리 시린 봄도 가만히
잡아당겨 봅니다

아직은 매운바람 내리는 오십천
얼음장 깨지는 소리 들려오는,
가만히 웃는 날입니다

오십천

깊이 흐르는 눈물에는
긴 파장의 징 소리가 묻어 있어요
쉬 꺼내 보지 못하는 강심 서랍에는
푸른빛 합(盒)이 있고
그 속에는
봄꽃이 하늘로 가는 통로가 있어서
착한 지분 냄새가 스며 있어요
평생 품고 온 아버지의 이밥 소복한 찬합이 있어요
끝내 열어보지 못한
그리운 봄 그릇
그 강은 품고 있어요

억새

내 눈 속에 억새가 산다
아무리 거센 바람에도 꺾이지 않고
저음의 울음소리를 쌓는
푸른 억새가 산다

가을 깊어지면 하얗게 흔들리며
저물어가는 세상 한쪽으로
툭툭 하얀 꽃잎을 던져넣는
내 그리움과 기다림의 전령
푸른 억새가 산다

오래전 남녘 화왕산 억새를 태우다 사람들이 상한 일이 있었다
그들이 보고자 한 건 무엇이었을까
억새가 다시 억새로 돌아가는 길을 보고 싶었을까
어쩌면 주변이 다 스러지고 그 자리에 다시 돌아오는 푸른 억새 떼를 보고 싶었는지 모른다

저물어가는 언덕
내 눈에도 가슴에도
끝끝내 돌아오는
푸른 억새가 산다

아버지

종종걸음으로 가슴을 건너간
애잔한 물총새 발자국이었을까
평생 몸에서 떨어지던
낙숫물 자국이었을까
산맥을 넘어와 흩날리던
하얀 눈발이었을까
노을 속으로 날려 보낸 새들의
젖은 울음소리였을까
뻐꾹새 울음소리 따라 내려오던
뒤란 감꽃이었을까
낡은 몸에서 쏟아져 내린
여리디여린 물굽이
그 푸른 길 끝내 건너가는
그리운 아버지의
그 무엇이었을까

제2부

전언(傳言)

익숙해서 묵직한 소리
오래 살아라
맥이 풀어져 서러운 넋이라도
그랬으면 좋겠다

황천강을건너면득달하게될까

티끌 같은 세상
깊고 높고 아득한
서녘 노을빛 따라가는

사람아
사람아

편지

빠른우편으로 지리산
따스한 겨울 한 줌 보냈구나

욕심 없이 살아가는 일이
눈 덮인 세석평전을 건너가는 일 같아서
소매를 비우고
버거움과 부끄러움을 가슴속 쟁이고
신발을 턴다

사랑하는 일의 빛나는 고난을
기꺼이 짐 지고 가려 했지만
쇠오리 떼는 날아오르고
바다 기슭 차오르는 하얀 포말
어둠 속으로 스러져 가는 것을 보며
화려한 불꽃도 가멸찬 맹세도
다 허망하고 부질없는 일임을 알겠다

이 겨울이 가고 나면

나도 바다가 보이는 우체국 창가에서
봄이 오는 오십천
맑은 바람 한 줌 너에게
꼭 부칠게

저녁 강구

아무도 와 닿지 않는
노을길 비어 있다

돌아가야 할 곳에는
늘 그만큼 비어 있거나
빈 곳이 가만히 와서
다시 비어 있다

바람 찬 바다 벼랑에 서 있었다
어두운 그림자를 거둬들이고
발자국을 지우며 떠나고 싶었던
간절한 때가 있었다

눈물방울 복숭아 꽃잎처럼 떨어져
가뭇없이 날리어 간
살가운 무늬들 그리운
홀로 가는 먼 길

4월 편지

푸른 물결 위로 되살아나
묵은 관절을 푸는 봄
창포 바다 언덕에 선다

높고 빠른 휘파람 소리가 몰려와
새벽을 일으켜 세우는 기슭
바람 속 흐느끼는
울음소리를 듣는다

누가 저 바다를 두고 떠나갔을까

지독한 사랑의 힘줄을 끊어내며
소매 스치는 소리 지우며
푸른 언덕을 내려갔을까

끝내 부치지 못한
4월 편지를 다시 쓴다

디셈버

돌아가야 할 곳에는
늘 그만큼 비어 있거나
빈 곳이 와서 가만히
비어 있었다

돌아가야 할 곳도
그림자로 서성일 벽도 없어진 때
12월은 가만히 내게로 왔다

한때는 버려지는 설렘과
간절히 비움을 꿈꿨던 때가 있었다
그럴 때마다
12월이 내게로 왔다

빈 곳은 온종일 비어 있지만
바람도 허허로움도 가득 차 있어서
빈 곳이 아니다

디셈버
디셈버

창포 바다

창포 바다에 가면
바람 속 찔러오는 신호가 있다
높고 빠른 휘파람 소리가
나를 돌려세운다
누가 저리 모진 사랑을 버리고 간 걸까
누가 돌아오지 않는 사랑을 위해
저리 애끓는 휘파람 소리를
저 물결의 끝에 걸어놓고 간 걸까
이 겨울이 가고 나면
빛나는 물결 위로
못다 한 사랑의 애끓는 노래를
건지러 오려는 걸까
겨울 창포 바다에 가면
접고 접은 사랑의 편지를
끝없이 날려 보내는 뜨거운 신호
높고 빠른 휘파람 소리가 있다

첫눈

하얗게 첫 길을 열어주며
눈부시게 빛나던 길이
내게도 있었다

꽃들도 새들도
새벽 먼동도
내게로 스며들던
푸른 새벽이 있었다

이제는 스러지고
돌아가는 것들의 그 슬픈 뒷등이
하얀 눈발 속에 어른거리던
눈물겨운 것들이
내게도 있었다

무섬 외나무다리

어디로 가느냐

맑고 투명하게 사는 사람들
구름 위를 걸어도
바람 속 허허로운 헛발길인 것을

그리움과 기다림 사이
외나무다리 하나 얹어놓고
이 산 저 산
끌어당기고 밀어내며
산굴뚝나비야
놀자

길섶 이슬에 홀로 앉은 바람아
깝치지 마라

멍든 꽃잎 가슴 가득 보듬은 이들
별 싸라기 눈 속 가득 퍼담은 사람들

아득히 건너오고 건너가는

무섬 외나무다리

모과꽃 1

별빛
그 별빛 속으로 돌아간
아들 생각이
진종일 그를 옭아맨다

시리고 저리고 아프다고 하신다

모과나무에서
자박자박 꽃빛 터트리는 날
분홍도 다정하게
숱한 향기가 몽상으로
아득 아득한
그 길

줄줄이 내려오는 별빛에서
모과 향 같은
아들 냄새가
난다고 하신다

모과꽃 2

벽을 보며 말없이
눈물방울 같은 꽃들이
자꾸 무너져 내림을 본다
벗어버린 신발이 가고
눈가에 출렁이던 푸른 꿈과 하얀 알약들
시린 바람에 또르르 굴러가는 아침
담장 너머 가시를 물고
모과 꽃등 환하다
어디로 어디까지 가고자 하는 것일까
막막한 하늘 한쪽으로 걸어 들어가
자꾸 벽이 되는 그를
찰랑찰랑 눈시울 뜨겁게 따라가는
저 순하고 착한
어린 꽃무리들을 본다
모과 꽃등 환한
그리운 아침

아랑

이당(以堂)이 그린 초상
아랑의 아미 사이로
붉은 노을이 진다

낮달이 끌고 가는 알록달록한 풍경
깊은 어둠 속으로
그녀가 날려 보낸
수많은 나비가
사방으로 내려앉고 있다

끝없이 허방을 놓는 세월 속
피 흘리며
여기저기 뒷걸음질 치는
아린 아랑들을 본다

푸르른 대숲
자꾸 밀양으로 돌아가는 밀양
영남루를 밀어 올리며

더 낮게 흐르는

노을 강물을 본다

낙화

한 조각 떨어져 나가는 나를
그냥 흘려보낸다
가거라 짙붉은 꽃잎들
박명의 하늘로
명주 고운 자락에 고이 감싸
보내지 못함을 용서하라
질긴 굴레를 버리고 너 가는 길
굴레가 굴레를 벗고 가고 싶은 곳이었으면 좋겠다
더러운 이승의 옷 입히지도
욕된 가슴을 보여주지도 않으마
저리 무리 지어 새들이 떠나고
그 뒤를 따라가는 널 그냥 보낸다
다음 세상으로 돌려보낸다
다시 돌려보낸다

숟가락

아버지 두고 가신
놋숟가락 한 쌍

겨우내 세상을 향한 문을 걸어 닫고
곡기를 끊으셨던 아버지

눈 시린 봄날
번져가는 들쑥 향내

푸른빛 번져가는
아버지의 숟가락에
소복하게 담기는 저녁

그 바다에 꽃이 핀다

그 바다에 꽃이 핀다
말머리산
남산 푸르른 솔바람 불어
세월에 시들지 않는
영원의 꽃 핀다

거기 그 새벽 물결 위에
푸른 솔밭머리 모래언덕에 오롯이 핀다
피 묻은 꽃

숨져간 넋들
떨어진 짙붉은 꽃잎들
저 푸른 은하의 별꽃으로 핀다

그날 형형한 눈빛들
창창한 솔잎 끝에 반짝이는데
끝끝내 어머니에게로 돌아오지 못한
붉은 꽃잎들

장사 바다 푸른 물결 위에
붉게 붉게 피어오른다

해국

그늘 속 그늘에서
바람처럼 왔다 간다

가만히
소나무 아래 바다를 바라보는 아재처럼
물결 위에
보랏빛 기별들을 송신하는
꽃들의 착한 연대

동풍 찬 바다 기슭
고요한 불꽃 송이들
눈물겹게
환하다

제3부

별 하나

뻗어 나간 직선 끝에 태어난 별
스스로 차가운 탯줄을 끊고
가장 어두운 별로 주저앉는 별
캄보디아 포이펫 성 밖
눈망울 까만 아이 같다
흐르는 별들 중에서 가장 어두운 별
갈색 왜성 하나

나도 이 작은 초록 별
냄새 많은 빛살 아래 한 줌 목숨 얻어
그늘로 서 있는 걸까
그림자 그림자만 밟으며
어둔 하늘을 오르는 걸까

작은 별 하나
자꾸 흐려지는 그늘로 내려서는
별 하나

뚜껑

어머니의 그릇들에는
뚜껑이 있었다

질그릇 단지며
놋그릇이며 사기그릇에도
어머니의 뚜껑이 가지런히 덮여 있었다

더운밥 훈기가 빠져나가지 말라고
맛깔스럽고 그윽한 향기들
고이 가두어두려고
어머니는 뚜껑을 챙겨 덮으셨다

몇 장의 따스한 뚜껑을 품고 살다 가신
어머니 그리운 어머니

푸른 감을 삭히던 그 애단지 뚜껑과
짚 수제로 닦고 닦으시던
놋그릇 뚜껑이

눈물 찰랑거리는 가슴 위로
가만히 굴러오는 아침이다

아버지의 시간

하얀 시간이
겨울 창가에서 접히고 있다

바람이 몰려가는
시린 천변에 서면
평생 일으켜 세워온 집
흙집 혹은 먹물 속의 집
견고하게 펄럭이는 그 집이 보인다

식솔들의 따스한 숨소리가 얽혀 있던 집
지친 영혼이 가만히 웅크리고 있는 집
접고 또 접어 쥐고 온
완고한 시간의 집이 보인다

겨울 벌판
바람 찬 동토를 다 걸어
노을빛 고운 서쪽으로
따스한 불빛을 쥐고 가고 있는

아버지

나의 아버지

천변에서

천년의 물이
다시 천년으로 흘러가는 곳
형제들의 노동과
아버지의 깊은 눈이 잠겨 있는 거기
평생 얽어온 흙집이
시리고 아프다

분분히 억새꽃 날리면
낮아지는 내 청춘의 제국에도
차가운 노을이 지겠지

하얗게 내려 쌓이는 눈발 속으로
아버지의 마을
아직 꺼지지 않은 등잔에
한 줌 눈물을 부으러
이 밤을 건너가야 한다

먼 산이 되어

먼 산이 되어
먼동과 노을의 붉은 빛살을
가슴속 차곡히 담아내며
그대 마을에 내리는 별 싸라기들 바라보고 싶다

빈손 가만 들여다보며
천년을 견디며 서고 싶다

시린 섣달
쪽 달이 넘어가면
훌훌 나를 벗고
푸른 바람으로 내려가
그대 아픈 영혼에 깊이 스며들고 싶다

눈시울 뜨겁게
그대 위해 울다가
해맑은 아침 빛으로 다시
먼 산이 되고 싶다

바람의 문

이 골 저 골의 기별을 품고
풀씨들이
가을 물들이 내려와 찰랑거리고
얕아지는 물목마다
떠나지 못한 눈빛들이 원을 그리며
가을볕에 반짝이고 있습니다

연기처럼 날리어 가고
훌훌 흘러가 버리는 것들에는
눈물 찰랑거리는 순간들이
강 안개처럼 새겨져 있습니다

따순 손
깊고 환한 눈빛들
별이 되어 떠나는 것을 바라보는 것은
눈물겨운 일입니다

그들이 거두고 닫고 떠난

바람 속의 문은
오래도록 열리지 않을 것이므로
나는 속절없이
천변을 걸으며 열리지 않는
바람의 문을
두드리고 두드립니다

가을 마당을 쓸며

가을 마당을 쓸며
키 작은 나무 아래 선다

비 끝에 쓸리는 가지런한 시간들이
한결같은 진록의 순간들이
내 청춘을 수놓았던 붉은 이파리들이
여기에 소복 있었구나

늘 그랬다
그 작은 나무에는
튀어 오르는 햇살보다 가버리는 바람이
선명하게 보이곤 했다
치렁했던 허공의 순간들이
텅 빈 나무로 돌아가는
가을 마당가
벗은 나무들을 들여다보며
눈물 글썽

애썼다고
작은 등불 하나쯤
달아주고 싶은 저녁이다

풍경
—그 집

북쪽 포구로 떠나는 바퀴들
그리운 남쪽 바다로 내려가는 버스들이
수없이 스쳐 지나갔습니다

날마다 강바람에 펄럭이는
천변 버드나무 한 그루

수많은 깃발, 플래카드들
누군가 내다 건 생의 무늬들
밤새 펄럭이는 하구에서
가슴에 창(窓) 하나 내고
망연히 바라보았습니다

아무도 열지 않고
닫히지 않는 흐린 창을 닦으며
흐르는 강물 바라보며
홀로 서 있었습니다

통증

혹독한 기억이
묵언의 동지 밤 지켜내듯이
낯선 빛줄기처럼 찔러오며 명멸하는
음각의 통증
둥글게 부풀어 오르던 날들이 있었다
끝없는 서성거림 끝에 돋아나던
대책 없는 슬픔이
자꾸 창 안에 얼쩡이고 있다

어쩌면 그는 흔들리는 이승의 마지막 회랑에서
어머니의 하늘과 교신하고 있었는지 모른다

처연한 그의 등을 따라가며
뜨겁게 번져오는 그림자를 만져본다
따뜻하고 혹은 시린 그늘이
복사꽃 흐드러진 구미리
그리운 언덕을 오르고 있었다

무서운 비

여러 해 무서운 비가 내렸습니다
별빛 내려오던 창을 닫고
빗물을 뜯어내며
젖지 않으려
말없이 깊이 나를 끌어들이며 왔습니다
하지만 비는 그침 없이 내려
나를 뚫고 지나가곤 했습니다

때로는 저만치 물결 아래로 일어서는
햇살 비낀 비를 보았습니다
스밈과 경계 지우기를 반복하면서
바람 속에서 나를 비웃고 있었습니다

폭풍우 속에서도 젖지 않는
깨끗한 물결 한 자락 기다리며
쉬 잠들지 못했으나

무서운 비

틈새를 파고들며

끝없이 따라오고 있었습니다

충치

모질게 달라붙는
치통에 사로잡힌 밤이 길었다

두 가닥 갈래머리 찰랑거리며
뛰어 나섰던 길 위로
또 봄이 오고 있다

식구들 모두 떠난 바람 속으로
무엇이 돌아오고 있는가

꽃다지 피어 눈 시린 저 길 위에서
아직 내가 짐을 져야 할
그 무엇이 남았다는 것일까

집요하게 나를 파고드는
충치가 아픈 날이다

별안간

계절의 생애도 묻기 전
그 길을 넘고 말았어
둥글고 희미한 경계에는
화려한 거래가 되지 않아
어둠이 기어 나와
헛헛한 바람에 녹아버린 눈물을 들추고
깊이 치고 들었어
언제나 거기엔
지켜지지 않는 약속이 걸려 있지

드디어 슬픔이 동백보다 더 붉은 서러움이 되려는가
내 청춘의 시간들 속에는
높게 흔들리며 흘러가
먼 하늘에 걸린 꽃잎이 있었지
한 개 별빛으로 돌아설 듯 날아가 버린
영근 눈물이
외로운 바람에 흩날리고 있었어

복사꽃등 밝은데
— 이장희 선생님 영전에

저녁 길 환하게
복사꽃등 밝은 봉화산 자락
면면히 흘러내리는 오십천
오십나루 천변에 서면
늦은 밤 원고지 칸칸에
서정의 얼개를 거는 나직한 목소리
첫새벽 글 읽는 소리
바람을 뚫고 뛰어가는
푸른 정신의 발자국 소리 듣습니다
선생님
그리운 운천(雲泉) 이장희 선생님
서촉(西蜀)
멀고 먼 노을의 땅
무에 그리 바빠 쓰실 시가 있어
황망히 바람으로 가셨는지요

복사꽃등 밝아오는 4월이면
구미리 지나 소월리까지 환하게 열리는 꽃길

사분사분 꽃잎 밟으며 다시 오세요
긴 방죽 위 꽃등 꽃등 내걸고 기다릴게요
그리운 이장희 선생님

하얀 수선화

모든 봄꽃들이
우리 집 뜰에 닿는다

아 짧은 한 생
달빛마저 보태니 간절한 그리움 인다

우주의 둥근 심장이
그대의 맑은 눈물이
태허(太虛)에 기댄 듯
꽃 속으로
하늘 속으로 들어간다

별빛 저쪽에서
북두칠성 가만히 꺼내 들고
고향 집 마당
먼동 번지는 새벽까지 서성이다
꽃봉 터뜨리는
하얀 수선화

만 리 밖
봄바람
햇살로 오셨나

별리

지문 위 슬픈 무늬가
물결 모양으로 멈춰 있다

따뜻한 손길이 다 닿아도
아물지 않는 멍으로
깊게 얼룩져 있다

내 오랜 영혼의 외로운 행려
빗장뼈에 소복 쌓이는
투명한 눈물을 본다

암각화처럼 깊이 새겨진
전생의 기억들

어쩌자고 다시 봄은 오는가
하얗게 날리어 가는
꽃잎, 꽃잎들이라니!

제4부

그들만의 리그

그들만의 리그는
진지하거나 진지하지 않습니다
늘 진행 중이거나 진행 중이지 않습니다
그들만의 리그는
나무칼을 부닥치며
부러지지 않는 싸움에 목을 겁니다
쉬 승부가 나지 않는데도
해마다 싸움박질입니다
그들만의 리그는
관중도 없고 재미도 없고
반칙이 성성해서
광기의 관중을 새로 만들기도 합니다
그들만의 리그는
서로를 너무 잘 알고 싸우므로
가슴팍을 깊이 찌르기도 하고
머리털 하나 상하지 못하게 할 때도 있습니다
그들만의 리그는
흥행하기 쉽지 않은 웃기는 놀이입니다

섬진강

반야에서 피아골로 흘러내린
바람의 끝이 푸른 길을 내고 있다

평생 동여매고 묶어온
가슴팍 오지랖으로 스며들던
붉고 아픈 빛살들

이 골 저 골 절집에서
헤엄쳐 가는 목어들
젖은 울음소리 내려오는 섬진강가에서
건너온 길을 생각한다

가슴속 붉은 등불 하나 내걸고
수많은 새벽빛을 보내고 또 돌려보내며
건너온 팍팍한 길
허공에 걸어두고 온 수많은 길들
불러도 따라오지 못하고
잊히지 않는 발자국들

밤 강물 소리를 따라
훌훌 가버리는 것을
가만히 열어 보여주는
가을 섬진강

장육사

깊은 골바람이 내는 길 끝으로
밤하늘이 팔랑 내리고 있다
은하(銀河)
은빛 가루가 쏟아져
맑고 시린 빛살로 흐르고 있다

대숲 바람 타고 내려와
목어 속으로 스며드는
천년의 바람 소리를 본다

동여맨 가슴은
홍원루 용마루를 넘어
운서산 능선을 넘어가는
푸른 종소리를 따라가고 있다

누가 새벽빛 밟고 저리 많은
홍등을 내거는가

물처럼 바람처럼 흘러가고 말
여항(閭巷)의 언약들 맹세들
아프고 아픈 얼룩들인 것을

허허로이 길 떠나는
하얀 억새꽃잎 같은 것을

간월암

사운사운 내리는 빗금 눈을 바라보며
쪽 찐 머리를 푼다
지친 다리를 끌며
미명의 들판을 생각한다
소매를 덮어오던 보푸라기들
뜨겁게 나를 가뒀던 눈물이며 언약들이
한 바다 위로
하얗게 날리어 간다
타올랐던 욕망의 불꽃도
맵고 차가운 맹세도
방울방울 물거품이 되어
썰물에 쓸려나가고 있다
다 보내고
또 아득히 멀어지는 저녁을
가만히 내려다보는
눈 내리는 간월암

카페에서

끝없이 재잘거리는 그들에게도
깨강정 같은 시간이 있었나 보다

바람이 별들을 휘돌아가는
늦은 시간까지
그들은 전설의 빙원을 소곤소곤 건너고 있다

수다 속으로
은빛 달무늬가
고요히 내려앉는
봄밤

하구에서

타오르는 불꽃으로 왔으니
차가운 그늘로 돌아가라

직선으로 찔러오는 뜨거운 목소리로 스며와
온전히 나를 점령해 들었으니
서늘한 그림자로 돌아가라

내 사월의 승전가는 바람에 날리어 가고
폐기된 함성과 눈물은
졸아드는 광장에서 지워지고 있지 않느냐
나도 한때는 그 불꽃 속에
하염없이 타올랐으나
싸늘한 재와 먼지 더미가 되어
저만치 날리어 가고 있지 않느냐

먼 산역(山驛)을 덮어오는
자욱한 눈발을 밀며
흰 새들의 귀환이 이어지고 있으니

이제는 가거라
붉은 발자국들을 다 거두고
저무는 내 좁은 골방에서
이 고요한 강마을에서
떠나거라 불꽃

서풍
—서출지에서

느린 화살이
바람을 밀며 날아오고 있다
천년 불꽃이 되어

숱한 비서(秘書)와 은밀한 전설을 품고
주저앉은 연잎들과 부들 꼭지 위
마지막 햇살을 모으는 연밥 위로
내려앉고 있다

떠나고 스러지고 돌아오고
다시 떠나는
천년의 여항(閭巷)을 향해
느린 화살은 자꾸 날아오고 있다
깊은 진흙 수렁 속으로 희망의 길을 내며
끊임없이 날아오고 있다

이요당 그림자
금옥산 자락을 끌어당기는 저녁

다시 어둠을 끌며
서풍 속 화살이
날아오고 있다

길

지나온 길의 갈피를 차곡 접어
내 좁은 미간에 꽂아둔다

누구는 꽃길이라고 했고
누구는 세찬 빗길이라고 했다
아무도 가지 않은 눈길이라고
허공에 난 바람길이라고

날 다시 저물고
향하는 곳이 없으므로
노을 속에
쥐고 온 길 가만히 내려놓는다

송천리 호두

쭈글쭈글한 껍질 속
낡은 알갱이들 소복하다
빛이 들지 않는 창 안에서
따각따각 멀어지는 소리를 주우며
바깥 껍질 쪽으로 밀려 나오지 못하는
송천리 호두들
한때 푸른 껍질을 두르고
햇살 받으며 하늘을 끌어당겨
연두 고운 속살을 품고
푸른 알갱이였던 적이 있었지
봄이 지나는 듯한
산자락에 진달래꽃 흐드러지고
천변 복숭아 꽃등 환한데
송천리 호두들
낡은 껍질 속에 가만히
갇혀 있다

정취암 가는 길

비탈길 문 열어놓으며
하늘 물빛 빌려
소원 등 내다 거는
절집 마당귀

칠성으로 통하는 외길 내어놓고
푸른 별 밭을 얻어
태를 묻던 자리

하늘의 문 바라보며
묵묵히 날리어 가고 오던
깊고 그윽한 길

해 달 북두칠성 별빛까지

눈부신 빛의 소리들
대성산 길 따라
정취암으로 가는

하늘 처마 끝

푸른 길

이견대(利見臺)에서

밤새 토함산 너머로
수많은 별똥별이 휘어져 졌습니다
맑은 대종천의 물소리도 웅웅거리고
푸른 잎들이 떨어져
몰려다니는 날들이 늘었습니다

물의 궁전에서 바라보이는
천 년 뒤 당신의 나라는
온통 시궁으로 밀려나고 있습니다
하얗게 입을 가린 사람들이
우울한 가을을 껴입고
캄캄한 바다 위를 걸어가고 있습니다

국태민안(國泰民安)

만파식적(萬波息笛)
그 청아한 대금 소리가 그리운
저녁입니다

우포

천년의 억새 바람 내리는
물 낮은 우포

시간이 시간을 떠메고 내려앉은 곳
무엇이 간절히 살아있어
억년을 저리 수런거리는가

저문 세상을 향해
몸속 가득 불을 켜는 가시연 그늘로
둥글게 원을 그려
물가로 밀어내는
물방개 한 마리

가만히 낮달 하나 띄워놓고
자꾸 긴 시간의 매듭을 매고 또 매는
우포
그리운 우포

허준

조선 하늘
저무는 노을 비끼면
가득한 바람결 들추고
침을 놓는 사내

산청(山淸)
아득한 삼림 속에서 한 잎
한 줄기 풀잎을 따 품고
여항(閭巷)의 신음 속으로
치유의 길을 내는 사내

천년을 일어서서 걸어가는
저 푸른 이마
장경(藏經) 아래 마을

다시 목판에 내리는
자욱한 어둠을 들추며
저미고 여며온

그리운 의서(醫書) 품고
휘적휘적 하포(下浦)나루 건너
도포 자락 펄럭이며

저만치
그가 오네

한탄강에 내리는 별빛 한 채

하늘빛 환한 날
고운 설화 숨 쉬는 한탄강 천변
두루미 한 쌍 날아가는 저
연천의 전곡
임진강에서 서해로 흘러드는
빛의 사원이 있다

팔경을 넘어 또 하나의 맑은 사람들이
마을로 가기 위한 은하의 숲

억만 년 전 직탕폭포 심장에도
달빛 물빛 쌓이며
진평왕 노닐던 고석정 가슴에 깃들어
미리내 성지로 가는
빛들을 굴리며 은하수 풀어놓는
꿈결처럼 따뜻하고
조용하고 겸손한 저 평화로움
깊고 그윽하여 다시 돌아오고 싶은

저무는 한탄강에
별빛 한 채 내린다

독경 소리

천년의 바람이 오는 여울목
거친 물살에 한마음 얹어
몇 번이던가 애태운 천년 도량
비탈에 매달려
저토록 시리게 서서 치성을 드리면
또록또록 눈뜨는 영명한
바람이 될까
수만 겁 연착되는
이승의 하늘 움켜잡고
파랗게 흔드는
높고 쓸쓸한
칠보사 독경 소리

해설

멈추지 않는 길에 대한 갈망

김만수(시인)

1.

세상이 온통 하얗게 뒤덮여 갑갑했던 시간들이 길었다. 많은 것들이 떠나고 돌아오지 않았다. 하얀 마스크의 세상이 마냥 흰빛 속에 갇혀 있었고 정지해 있는 것 같았다. 인간의 실존적 존엄성이 위협받고 손상당하는 시간이 이어졌다. 캄캄한 터널을 지나온 느낌이다. 변이(變異)와 변이를 거듭하며 쓰나미처럼 밀려왔던 코로나19— 이것은 순리를 거스른 인간의 오만함과 패륜(悖倫), 부도덕의 극치가 사초한 쓰디쓴 선물이 아닐까 하는 생각이 든다.

그런 소용돌이 속에서도 재난 극복을 위한 의료진들과 연구진들의 고군분투가 우리에게 희망을 심어주었고, 피폐해

져 가는 우리에게 정신적 위안과 평화를 건네주는 문학이 있었다. 그것이 문학의 사회적 의무이고 역할이다. 어느 시대건 감당하기 힘든 인류사적 시련과 고난, 엄청난 위기 속에도 그 난관을 극복하고 이겨낼 수 있는 힘을 불어넣어 주는 위대한 문학 작품이 있었다. 인간의 질긴 생명력을 예찬하고 불구(不具)와 부조화(不調和) 사회 속에서 왜곡되고 손상된 인간 내면을 정화하고 교도해주는 문학 작품이 있었다. 지난 3년, 그 엄청난 시련의 시간에서 빠져나와 많은 것들이 원상으로 회복되어가는 현실을 목도하며 회복과 복원 치료와 치유를 위한 문학의 역할은 멈춰서는 안 될 것이다.

그러기 위해서는 가파르고 왜곡된 정서와 쉬 동의하기 어려운, 알 수 없는 언어유희투성이의 문학 작품들이나 깊이 사유하지 않고 쉽게 쉽게 써내는 문학 작품들은 단호히 배격되어야 한다. 천박하고 상업적인 문학 작품들이 생산되고 유통되는 일은 없어져야 하리라 믿는다. 그것은 문학의 진정성과 본질을 훼손하는 일이며 참된 독자들을 잃게 되는 일이기 때문이다. 진정한 문학은 인간 근원에 대한 깊은 통찰과 사유에서 비롯되는 것이리라. 왜곡되고 불구화되어가는 현대사회 속에서 인간 본연의 정서를 옹호하고 희망의 자장을 가슴 가슴마다 퍼져나가게 하는 것이 진정한 문학의 역할이 아닐까 하는 생각이 든다. 아직도 끝나지 않은 코로나19 시대에 이러한 소중한 희망과 치유의 바이러스를 생산하고 유통하는 시인 작가들의 역할은 매우 의미 있고 중요한 일이 아닐 수 없다.

2.

근래 발표되는 우리 시들이 안고 있는 문제들이란 무엇인가. 이를테면 고정관념에 사로잡힌 상투적이고 관습적인 인식과 표현에 경도된 시, 과도한 감정의 노출과 절제되지 않은 장황한 진술이나 서술이 주를 이루는 시들, 현란한 미사여구와 정제되지 않은 감정이 그대로 노출되고 장식적 묘사와 넋두리에 다름없는 시들에 대해 경계한다. 현실의 문제에 비켜서지 않으면서 카메라나 첨단의 광학 기계들이 포착하고 베껴내지 못하는 그 어떤 것에 시인들은 주목해야 한다. 인간과 우주, 자연과 사물에 대한 시인만의 넓고 깊은 시안과 감성으로 써내는 시들이야말로 쉬 독자들이 다가올 수 있는 작품이며, 그것이 문학의 본질이고 문학의 정체성을 구현하는 일이 될 것이다.

김인수의 이번 시집에 담긴 그의 세계관, 자연과 사물, 인간을 바라보는 구체적 인식의 틀을 살펴 들춰보는 일은 즐거운 일이다. 이미 『분홍바다』, 『푸른 벼랑』, 『시상에서 가장 먼 것들』 등의 시집을 상재한 김인수의 시에 대한 진지한 자세와 시선을 읽으면서 그의 시가 지향하는 것이 무엇인지 가늠할 수 있었다. 그의 몇몇 작품들에서 발견되는 불교적 사유의 세계와 고향 마을을 유유히 흘러내리는 오십천과 강구 바다는 먼 데를 바라보는 시인의 눈빛을 붙잡고 가두는 어떤 힘이자 그의 시 정신의 바탕이라는 것을 느낄 수 있다.

김인수의 시는 형식이 간명하고 단아하며, 깊고 진지한 사유에서 나오는 곡진한 서정이 시편 전체를 흐르고 있다. 그의 시선은 먼 곳을 바라보며 오랜 시간 기다리며 동경하는 시심을 펼쳐 보이고 있다. 우리가 살아가는 한 생이, 걸어가는 생의 먼 길이 어찌 평평하고 오붓한 숲길만 있었겠는가. 시인이 걸어온 때로는 팍팍하고 거친, 그래서 아프고 아린 길이 어찌 없었겠는가. 그러면서도 시인은 다시 걸어가야 할 먼 길을 위해 기다림과 그리움을 동여매고 있음을 본다. 먼 산, 먼 길, 먼 지평, 먼 수평으로부터 점점 떨어져 가는 자신을 발견하고 그럼에도 다시 먼 곳을 지향하는, 깊고 그윽한 내면을 발견한다. 시인의 이런 지향은 먼 인생길을 가느라 지친 사람들에게 공감과 함께 안식과 위안의 정감을 느낄 수 있게 해준다. 이렇듯 시는 시인 정신의 압축된 총체이면서 절제된 언어의 교직(交織)이다. 그런 전제 아래 한 편의 시를 보자.

지나온 길의 갈피를 차곡 접어
내 좁은 미간에 꽂아둔다

누구는 꽃길이라고 했고

누구는 세찬 빗길이라고 했다
아무도 가지 않은 눈길이라고
허공에 난 바람길이라고

날 다시 저물고
향하는 곳이 없으므로
노을 속에
쥐고 온 길 가만히 내려놓는다

—「길」 전문

누구나 걸어온 생의 길이 한때는 '꽃길'이라 불릴 만큼 의기가 넘치고 희망찼던 청춘의 시간들이 있었다. 그러나 어디 기나긴 인생길에 꽃길만 있겠는가. 세찬 비바람 몰아치고 거친 눈발이 몰아치는 속으로 험산 준령을 넘어야 하는 때도 있는 것이다. 시인은 자신이 걸어온 길들을 돌아보며 "허공에 난 바람길"이라고, 결국은 허망한 시간 속의 길이었음을 토로하고 있다. 그간의 욕망과 탐욕을 다 내려놓고 가만히 노을 속에 눈을 감고 마음을 비우고 정리하는 시인을 본다. 이러한 지나온 길에 대한 회한의 인식은 「먼 산이 되어」라는 시에서 새로운 깨달음과 함께 텅 빈 바람의 목소리를 가만히 들려주고 있다.

먼 산이 되어
먼동과 노을의 붉은 빛살을
가슴속 차곡히 담아내며
그대 마을에 내리는 별 싸라기들 바라보고 싶다

빈손 가만 들여다보며
천년을 견디며 서고 싶다

시린 섣달
쪽 달이 넘어가면
훌훌 나를 벗고
푸른 바람으로 내려가
그대 아픈 영혼에 깊이 스며들고 싶다

눈시울 뜨겁게
그대 위해 울다가
해맑은 아침 빛으로 다시
먼 산이 되고 싶다

—「먼 산이 되어」 전문

얼룩진 욕망과 바람, 기다림으로 건너온 시간들을 돌아보며 시인은 "먼 산이 되어" "그대 마을에 내리는 별 싸라기들 바라보고 싶다"고 토로한다. "빈손 가만 들여다보며/천년을 견디며 서고 싶다"는 의지의 표현은 지나온 삶이 비록 헛헛하고 손에 잡히는 게 없을지라도 그가 꿈꾸고 기다려온 그 무엇을, 어떤 세계를 포기하거나 내려놓지 않겠다는 속내를 드러내 보이는 것이다. 헛된 욕망으로 가득 찼던 자신을 향해 "훌훌 나를 벗고/푸른 바람으로 내려가/그대 아픈 영혼에 깊이 스며들고 싶다"는 고백 또한 마찬가지다. "해맑은 아침 빛으로 다시/먼 산이 되고 싶다"고 말하는 시인에게서 겸허한 생의 자세와 정신을 읽을 수 있다.

3.

김인수 시인의 고향은 태백산맥 푸른 등성이가 뻗어내리고 맑은 계류가 흘러내리는 영덕 오십천 천변 마을이다. 발원지에서 바다에 접하는 하구까지 나루터가 쉰 개가 있다고 해서 오십천이라고 하는, 물 맑고 산빛 청청한 마을에서 태어나고 자라고 지금도 강바람을 맞으며 살아가고 있다.

봄이면 복사꽃이 온 마을을 덮고 면면히 흐르는 오십천이 푸른 동해에 가닿는 영덕은, 19세기 말 동학(東學)이 퍼져나갈 때 어둠 속 동학 교도들이 영해 마을로 스며들기 위해서는 반드시 거쳐야 하는 의기가 흐르는 푸르고 아름다운 곳이다. 그 천변에서 시인은 강바람에 흔들리는 들꽃이며 버드나무에

이는 무정한 세월을 읽으며 시를 써왔다. 그 강물이 가닿는 강구 바다의 거센 파도를 바라보며 쓴 시 한 편을 보자.

그 바다에 꽃이 핀다
말머리산
남산 푸르른 솔바람 불어
세월에 시들지 않는
영원의 꽃 핀다

거기 그 새벽 물결 위에
푸른 솔밭머리 모래언덕에 오롯이 핀다
피 묻은 꽃

숨져간 넋들
떨어진 짙붉은 꽃잎들
저 푸른 은하의 별꽃으로 핀다

그날 형형한 눈빛들
창창한 솔잎 끝에 반짝이는데
끝끝내 어머니에게로 돌아오지 못한
붉은 꽃잎들
장사 바다 푸른 물결 위에

붉게 붉게 피어오른다

—「그 바다에 꽃이 핀다」 전문

인용 시는 한국전쟁 때의 가슴 아픈 전사(戰史)를 모티브로 쓴 시다. 1950년 9월 14일부터 15일까지 경북 영덕군 남정면 장사리 해변에서 벌어진 '장사상륙작전'이 그것이다. 당시 인천상륙작전을 앞두고 북한군의 관심을 분산하기 위해 전개된 양동작전(陽動作戰)의 일환으로 학도군 139명이 전사하고 92명이 부상하며 벌어진 이 전투는 한국전쟁사에 빛나는 작전으로 기록되어 있다. 장사 해변 남쪽에는 해발 200m쯤 되는 말머리산이 있고 해변에는 푸른 해송이 우거져 있다. 수많은 학도병들이 해변으로 상륙하는 과정에서 모래밭에서 피 흘리며 죽어간 가슴 아픈 전사를 시인은 특유의 서정적 필치로 옮겨낸다. 어린 학도병들의 넋이 "떨어진 짙붉은 꽃잎들/저 푸른 은하의 별꽃으로" 피어나기를 간절히 염원하고 있다. "끝끝내 어머니에게로 돌아오지 못한/붉은 꽃잎들" 피 흘리며 장렬히 순국한 어린 학도병들의 원혼(冤魂)을 그리고 있는 것이다. 저 푸른 바다에 지지 않는 꽃으로 피어나 영원히 아름다운 꽃으로 피어나기를 바라는 시인의 애설한 목소리를 듣는다.

깊이 흐르는 눈물에는

긴 파장의 징 소리가 묻어 있어요
쉬 꺼내 보지 못하는 강심 서랍에는
푸른빛 합(盒)이 있고
그 속에는
봄꽃이 하늘로 가는 통로가 있어서
착한 지분 냄새가 스며 있어요
평생 품고 온 아버지의 이밥 소복한 찬합이 있어요
끝내 열어보지 못한
그리운 봄 그릇
그 강은 품고 있어요

—「오십천」 전문

종종걸음으로 가슴을 건너간
애잔한 물총새 발자국이었을까
평생 몸에서 떨어지던
낙숫물 자국이었을까
산맥을 넘어와 흩날리던
하얀 눈발이었을까
노을 속으로 날려 보낸 새들의
젖은 울음소리였을까
뻐꾹새 울음소리 따라 내려오던
뒤란 감꽃이었을까

낡은 몸에서 쏟아져 내린
여리디여린 물굽이
그 푸른 길 끝내 건너가는
그리운 아버지의
그 무엇이었을까

—「아버지」 전문

인용한 「오십천」과 「아버지」에는 청솔 푸르게 일렁이고 복사꽃 곱게 피어나는 그의 고향 강마을의 정취가 물씬 풍긴다. 평생을 꼿꼿한 선비로 살다 간 시인의 선친에 대한 그리움이 가득 묻어나고 있다. "평생 품고 온 아버지의 이밥 소복한 찬합이 있어요/끝내 열어보지 못한/그리운 봄 그릇/그 강은 품고 있어요" 말없이 유유히 흘러내리는 강물에는 아무도 열어보지 못했고 열어볼 수도 없었던 아버지 평생의 눈물과 회한, 기쁨과 슬픔의 기록들이 소복 담긴 아버지의 그릇이 있다. 묵묵히 험한 세월을 이겨내며 품 안의 자식들을 키워낸 아버지의 희생과 사랑이 그 그릇에는 소복 담겨 있는 것이다. 세상의 어떤 탁류에도 휩쓸리지 않고 꼿꼿이 자신을 지켜온 아버지의 강단진 정신을 흠모하며 그리워하는 시인의 목소리를 듣는다. 평생 지필묵(紙筆墨)을 곁에 두고 써 내린 아버지의 글씨를 보며 "노을 속으로 날려 보낸 새"나 "뒤란 감꽃"으로 시인은 아버지에 대한 절절한 그리움의 목소리를 들려주고 있는 것이다.

4.

김인수 시인의 감각은 예민하고 팔방(八方)으로 열려 있음을 느낄 수 있다. 자연과 사물에 스민 질기고 고운 생명의 무늬와 소리를 듣고 읽어내는 혜안을 가진 듯하다. 시인은 삶의 현장에서나 여행 중에도 직간접적으로 접하는 미디어나 그림, 사진 등에서도 그의 감각은 예민하게 반응하고 그것을 시로 형상화해내는 기술을 가지고 있다.

이당(以堂)이 그린 초상
아랑의 아미 사이로
붉은 노을이 진다

낮달이 끌고 가는 알록달록한 풍경
깊은 어둠 속으로
그녀가 날려 보낸
수많은 나비가
사방으로 내려앉고 있다

끝없이 허방을 놓는 세월 속

피 흘리며
여기저기 뒷걸음질 치는
아린 아랑들을 본다

푸르른 대숲
자꾸 밀양으로 돌아가는 밀양
영남루를 밀어 올리며
더 낮게 흐르는
노을 강물을 본다

—「아랑」 전문

밀양 영남루 아래 대숲에는 정절(貞節)을 지키려다 억울하게 죽은 아랑을 모신 사당인 아랑각이 있다. 거기에는 이당(以堂) 김은호 화백이 그린 아랑의 초상화가 있다. 시인이 기행 중에 보게 된 아랑의 초상화와 아픈 일화를 생각하며 쓴 이 시는 일반적인 기행시와는 조금 다른 시인이 세상을 향해 던지는 매서운 야유와 회초리를 느낄 수 있다. "끝없이 허방을 놓는 세월 속/피 흘리며/여기저기 뒷걸음질 치는 /아린 아랑들을 본다"에서 헌신짝처럼 지조와 정절을 버리는 세태를 야유하는 시인의 목소리를 듣는다. 시인의 눈에 비치는 노을 비낀 밀양강을 보며 "자꾸 밀양으로 돌아가는 밀양"이라고 말하는 시인의 목소리는 무얼 의미하는 것일까. 소중하게 끝내 지켜

내야 할 것들을 지켜내고자 하는 우리 시대의 힘겨운 노력과 분투를 말하고 있는 것은 아닐까. 그런 정신을 굳게 견지하며 살아가겠다는 시인의 다짐이 아닐까 생각해본다.

저 가녀린 숨소리에는
차가운 산 그림자
맑은 바람 소리 스며 있다

당신이 버리고 간 그늘 많은 이 땅에
눈물방울같이 피어나는
시리디시린 하늘 꽃
솜양지꽃

저 바람 속 당신의 목소리
그리운 집으로 돌아가는데
누가 자꾸 어둠 헤치고
하늘 꽃 피워올리는가

방울방울 첫 꽃
설련화

—「설련화」 전문

차가운 겨울의 산 그림자를 뚫고 새봄의 도래를 가장 먼저 알리며 피어나는 노오란 꽃 '설련화'는 '솜양지꽃'이라고 부르기도 하고, 얼음 사이에서 피어난다 해서 '얼음새꽃'이라고도 부른다. 시인은 '설련화'를 보며 긴 엄동의 대지에서 피워올리는 강한 생명력을 예찬하고 있는 것이다. "눈물방울같이 피어나는/시리디시린 하늘 꽃/솜양지꽃"은 혹시 천변의 차가운 바람 속에서 들리는 돌아가신 아버지, 어머니의 그리운 목소리가 아닐까. 차가운 땅에서 "누가 자꾸 어둠 헤치고/하늘 꽃 피워올리는" "방울방울 첫 꽃"에서 그리운 이들의 모습을 보고 그들의 목소리를 듣는 시인의 감각이 얼마나 밝고 예민한지 느낄 수 있는 시가 아닐 수 없다.

5.

김인수 시집 『저 바다에 꽃이 핀다』를 일람하면서 그의 시적 지향이 얼마나 집요하고 고집스러운지를 읽을 수 있었다. 시인이 건너온 먼 길에 대한 사유는 허망하기 짝이 없음에도 불구하고 새로운 길을 모색하며 가만히 그 길을 밟아가겠다는 의지가 스며 있다. 김인수의 시를 일람하면서 그의 문학에 대한 열정과 애착, 각오가 얼마나 진지한지 읽을 수 있어서 좋았다. 시인이 태어나고 자라고 끝내 돌아가야 할 고향의 강과 바다에 대한 애착과 변함없는 자연, 그 근원에 대한 통찰은 참으로 인상적이다. 존재에 대한 탐구와 함께 끝없는 기다림과 그리움의 시 정신은 앞으로 김인수 시인이 세상에 내놓을 시적 성취에 대해 기대케 하기에 충분하다. 특히 자연 사물에 스민 생명의 무늬와 소리를 읽어내는 통찰력은 그가 앞으로 이루어 갈 폭넓은 시적 성취를 더욱 기대하게 한다. 정진 있으시길 빈다.

문학의전당 시인선 364

그 바다에 꽃이 핀다

ⓒ 김인수

초판 1쇄 인쇄 2023년 8월 7일
초판 1쇄 발행 2023년 8월 14일
지은이 김인수
펴낸이 고영
디자인 헤이존
펴낸곳 문학의전당
출판등록 제448-251002012000043호
주소 충북 단양군 적성면 도곡파랑로 178
전화 043-421-1977
전자우편 sbpoem@naver.com

ISBN 979-11-5896-604-1 03810